CHEITO® 6
Escritura

MUNDO LITOGRÁFICO
Editorial Educativa Ltda.

Ilustración Digital
Oscar Javier León Beltran

Ilustrador:
César A. Cárdenas Fuentes

Compilación:
César A. Cárdenas Fuentes

Diseño y Diagramación:
César A. Cárdenas Fuentes

Director:
Mario I. Galvis M.

Impreso por:
MUNDO LITOGRAFICO
EDITORIAL EDUCATIVA LTDA

ISBN:
978-958-8322-47-6
© 2010

ADVERTENCIA

Prólogo

La educación preescolar marca unas de las primeras etapas de formación en el ser humano, cuando se hacen posibles los procesos de socialización, desarrollo del lenguaje, pensamiento y capacidades motrices.

CHEITO ESCRITURA apropia habilidades comunicativas, a través de la lectura y escritura, desarrollo de la motricidad fina y desarrollo lúdico, que permitirá una mejor adaptación en el mundo escolar.

El profesor debe ser solo un orientador, que ayude al alumno a descubrir el concepto.

MUNDO LITOGRAFICO
EDITORIAL EDUCATIVA LTDA

A
abeja

E
estrella

I
isla

O

O
ojo

U
unicornio

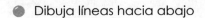
Iniciemos haciendo muchos trazos...

● Dibuja líneas hacia abajo

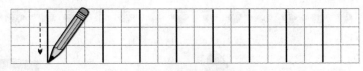

● Dibuja líneas diagonales.

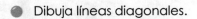

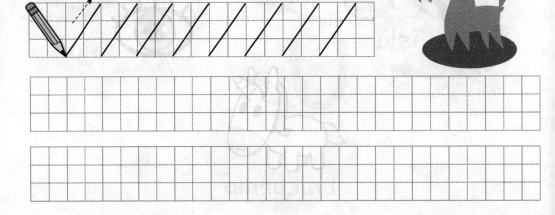

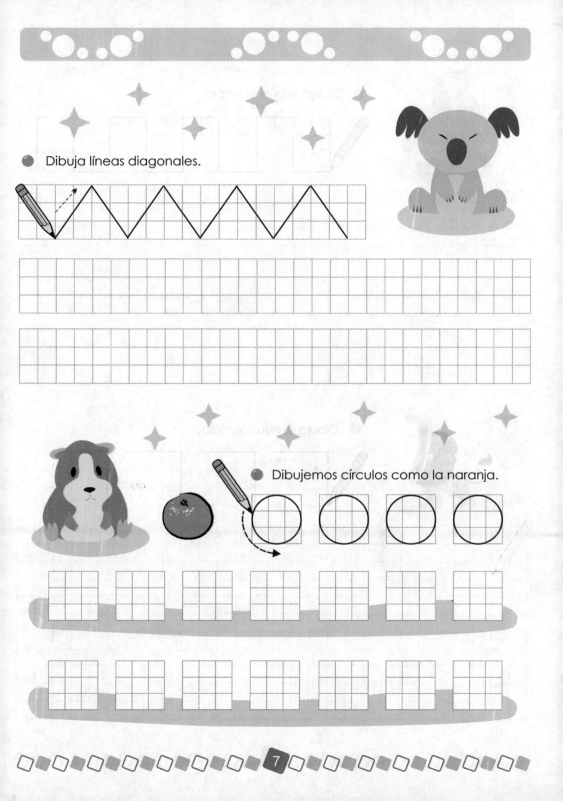

Dibuja líneas diagonales.

Dibujemos círculos como la naranja.

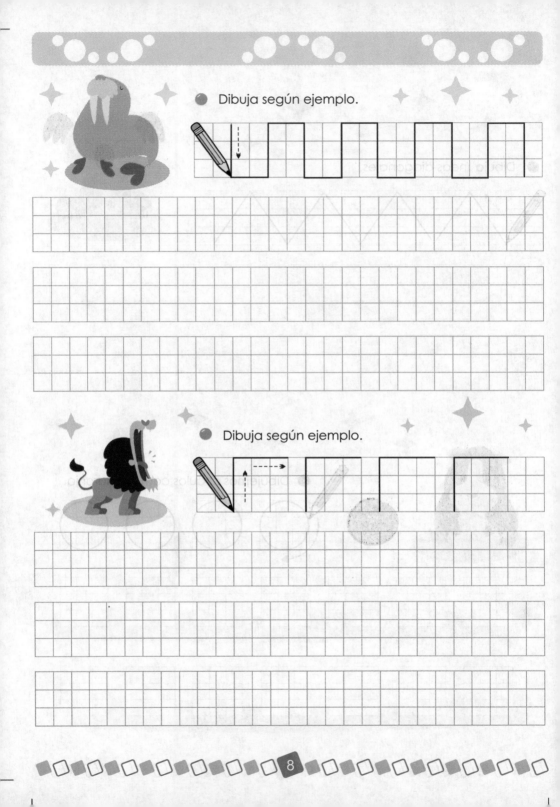

Dibuja según ejemplo.

Dibuja según ejemplo.

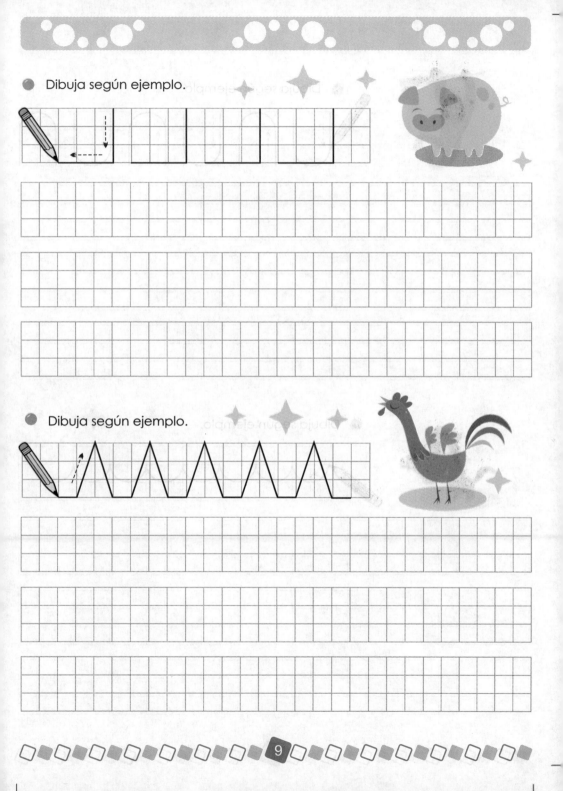

Dibuja según ejemplo.

Dibuja según ejemplo.

Dibuja según ejemplo.

Dibuja según ejemplo.

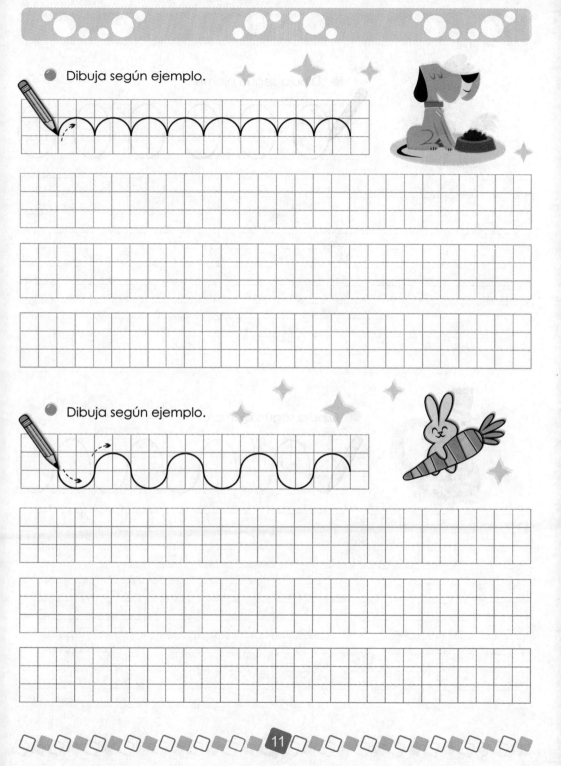

Dibuja según ejemplo.

Dibuja según ejemplo.

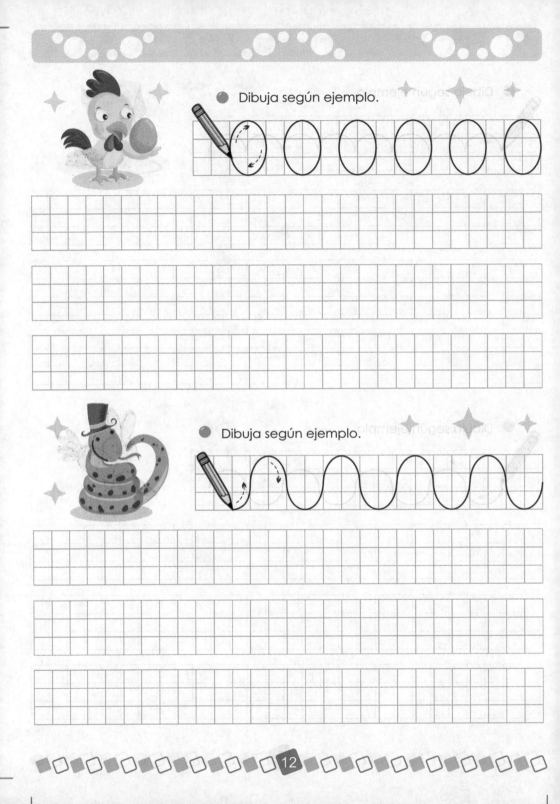

Dibuja según ejemplo.

Dibuja según ejemplo.

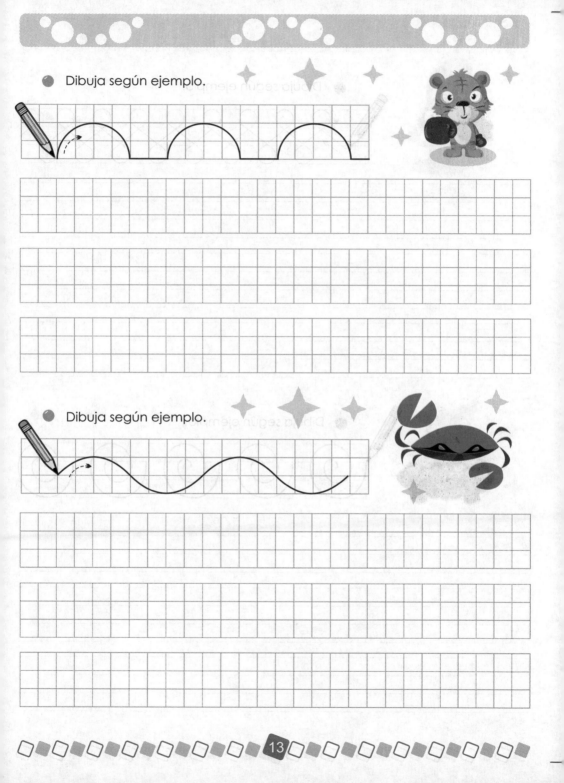

Dibuja según ejemplo.

Dibuja según ejemplo.

Dibuja según ejemplo.

Dibuja según ejemplo.

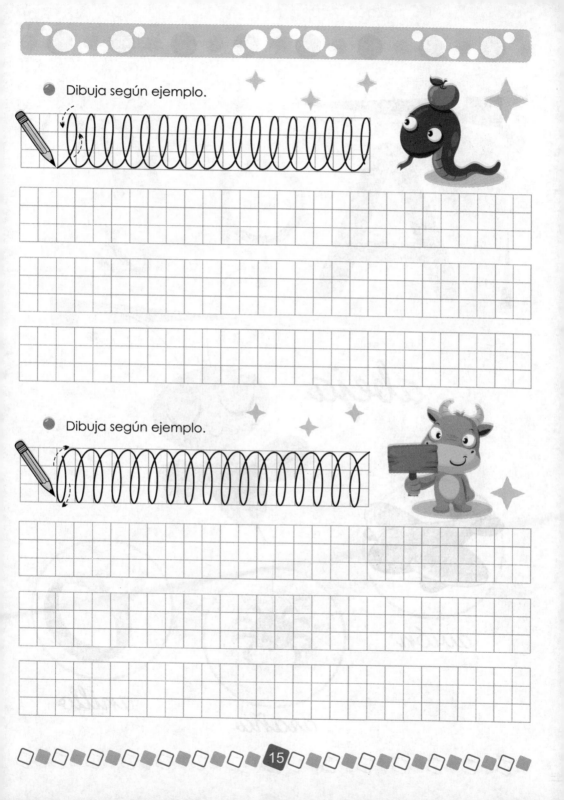

Dibuja según ejemplo.

Dibuja según ejemplo.

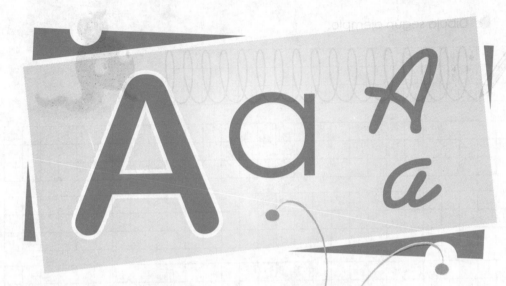

A a A a

abeja

avión

araña

anillo

● Escribe la vocal según ejemplo.

A a   Aa   Aa   Aa   Aa   Aa

A a   Aa   Aa   Aa   Aa   Aa

● Colorea la vocal

a A A a a A A

● Escribe la vocal según ejemplo.

avión   abeja   anillo

avión   abeja   anillo

E e

estrella

elefante

escalera

estufa

● Escribe la vocal según ejemplo.

Ee *Ee Ee Ee Ee Ee Ee*

Ee *Ee Ee Ee Ee Ee Ee*

● Colorea la vocal

● Escribe la vocal según ejemplo.

Ee *Ee Ee Ee Ee Ee Ee*

Ee *Ee Ee Ee Ee Ee Ee*

I i

isla

iglesia

iglú

imán

● Escribe la vocal según ejemplo.

Ii   Ii Ii Ii Ii Ii Ii Ii Ii

$\mathcal{J}i$ $\mathcal{J}i$ $\mathcal{J}i$ $\mathcal{J}i$ $\mathcal{J}i$ $\mathcal{J}i$ $\mathcal{J}i$

● Colorea la vocal.

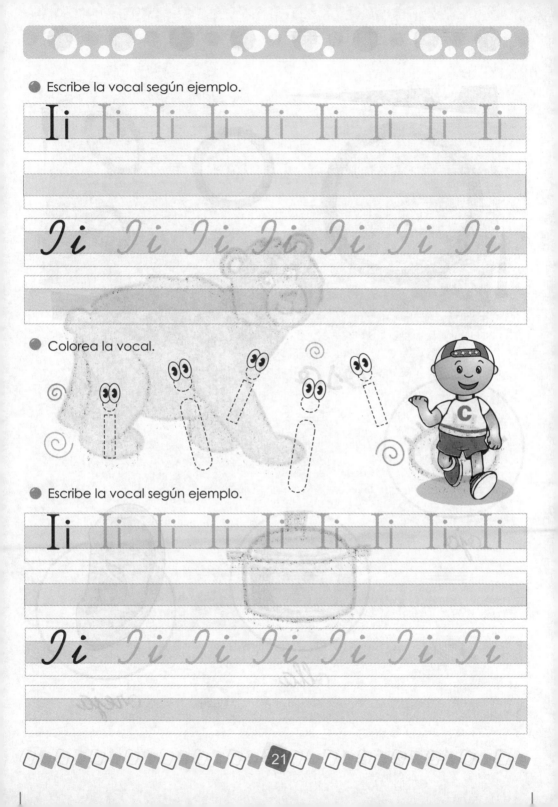

● Escribe la vocal según ejemplo.

Ii   Ii Ii Ii Ii Ii Ii Ii

$\mathcal{J}i$ $\mathcal{J}i$ $\mathcal{J}i$ $\mathcal{J}i$ $\mathcal{J}i$ $\mathcal{J}i$ $\mathcal{J}i$

oso

ojo

olla

oreja

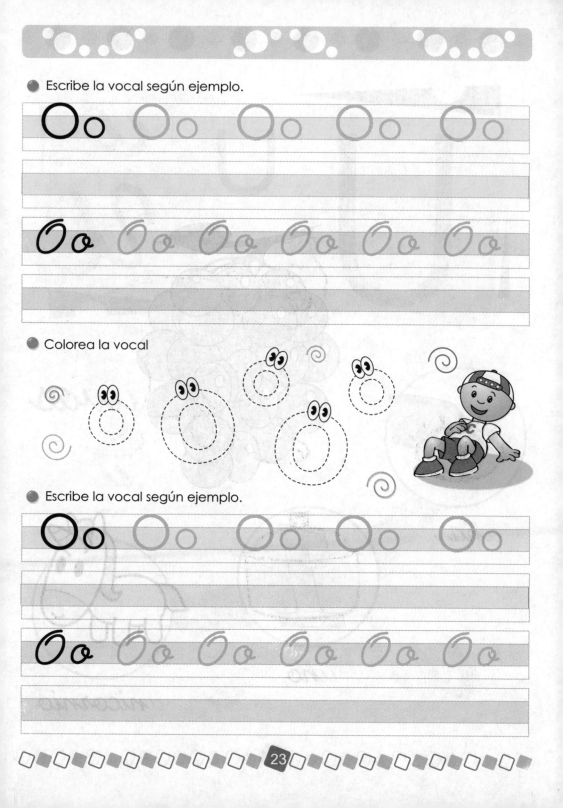

● Escribe la vocal según ejemplo.

Oo   Oo   Oo   Oo   Oo

Oo   Oo   Oo   Oo   Oo   Oo

● Colorea la vocal

● Escribe la vocal según ejemplo.

Oo   Oo   Oo   Oo   Oo

Oo   Oo   Oo   Oo   Oo   Oo

23

uvas

uña

uno

unicornio

● Escribe la vocal según ejemplo.

U u U u U u U u U u U u U u

𝓤𝓾 𝓤𝓾 𝓤𝓾 𝓤𝓾 𝓤𝓾 𝓤𝓾

● Colorea la vocal

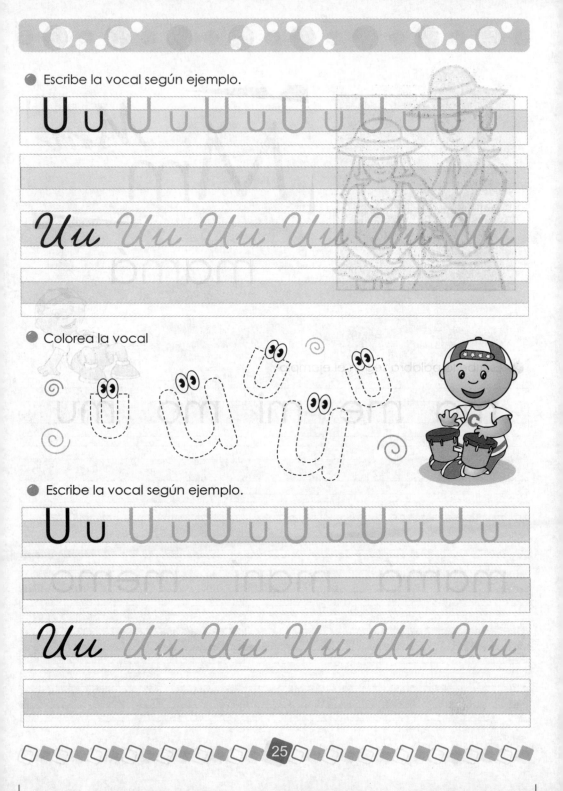

● Escribe la vocal según ejemplo.

U u U u U u U u U u U u

𝓤𝓾 𝓤𝓾 𝓤𝓾 𝓤𝓾 𝓤𝓾 𝓤𝓾

mamá

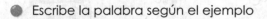

Escribe la palabra según el ejemplo

ma   me   mi   mo   mu

mamá   maní   memo

manzana • mosca • mico

manzana • mosca • mico

Pp

papá

Escribe la palabra según el ejemplo

pa	pe	pi	po	pu

papá   pera   pelo

puma • perro • piña

puma • perro • piña

Nn *Nn*

naranja

Escribe la palabra según el ejemplo

na ne ni no nu

nave niñera nariz

nené   •   nido   •   nube

nené   •   *nido*   •   *nube*

S s *S s*

sapo

● Escribe la palabra según el ejemplo

| sa | se | si | so | su |

sueño   señor   saco

Sopa • silla • semáforo

sopa • silla • semáforo

L l

león

Escribe la palabra según el ejemplo

la   le   li   lo   lu

luna   lombriz   lago

libro • lámpara • lupa

libro • lámpara • lupa

T t *T t*

tomate

● Escribe la palabra según el ejemplo

ta   te   ti   to   tu

tren   tractor   tarro

trompo • teléfono • tortuga

trompo • teléfono • tortuga

Dd *Dd*

dados

● Escribe la palabra según el ejemplo

da   de   di   do   du

durazno   disco   dedos

dinosaurio • diamante • dama

dinosaurio diamante dama

R r R r

regalo

Escribe la palabra según el ejemplo

ra   re   ri   ro   ru

risa   rosa   rezar

ratón • regadera • reloj

ratón • regadera • reloj

C c C_c

casa

● Escribe la palabra según el ejemplo

ca co cu	ca co cu

canasta   coco   cuna

café • caballo • cámara

café • caballo • cámara

B b $\mathcal{B}\,b$

burro

● Escribe la palabra según el ejemplo

ba   be   bi   bo   bu

beso   baño   bebé

barco • bombillo • bota

barco • bombillo • bota

V v vu

vaca

Escribe la palabra según el ejemplo

va   ve   vi   vo   vu

vino   venado   verano

videocámara • vela • vaso

Gg Gg

gorila

● Escribe la palabra según el ejemplo

ga go gu	ga go gu

ganzo   gordo   gas

gusano • gancho • gato

gusano *gancho* *gato*

F f *F f*

faro

Escribe la palabra según el ejemplo

fa   fe   fi   fo   fu

frase   fino   foto

flotador • familia • foca

flotador • familia • foca

Y y y y

yate

Escribe la palabra según el ejemplo

ya   ye   yi   yo   yu

yate   yodo   yuca

yoyo • yak • yeso

yoyo • yak • yeso

horno

Escribe la palabra según el ejemplo

ha   he   hi   ho   hu

hoyo   hogar   humo

hamburguesa • harina • hilo

hamburguesa harina hilo

J j *j j*

jarra

Escribe la palabra según el ejemplo

| ja | je | ji | jo | ju |

jamón   Juan   jardín

joya   •   jirafa   •   jarabe

joya   •   jirafa   •   jarabe

zorro

● Escribe la palabra según el ejemplo

za   ze   zi   zo   zu

zapote   zurdo   zona

zanahoria • zapato • zafiro

zanahoria • zapato • zafiro

Ññ

ñandú

Escribe la palabra según el ejemplo

ña ñe ñi ño ñu

año   niño   caña

araña • cañón • niño

araña • cañón • niño

K k _Kk_

kimono

● Escribe la palabra según el ejemplo

ka ke ki ko ku

karate   kumis   kilo

koala • kiosco • kiwi

koala • *kiosco* • *kiwi*

choza

Escribe la palabra según el ejemplo

cha che chi cho chu

chocó chicle chorizo

chocolate • chupo • chimpancé

chocolate chupo chimpancé

Ll ll *Ll l*

llanta

● Escribe la palabra según el ejemplo

lla   lle   lli   llo   llu

llorar   llover   llanura

llama • llave • llanero

llama • *llave* • *llanero*

Xx

xilófono

Escribe la palabra según el ejemplo

xa   xe   xi   xo   xu

oxígeno   examen   flexible

taxi • saxofón • boxeo

taxi • saxofón • boxeo

waterpolo

● Escribe la palabra según el ejemplo

wa we wi	wa we wi

William   web   Wilson

walkman • **whisky** • **kiwi**

walkman • whisky • kiwi

Qq 2 q

queso

Escribe la palabra según el ejemplo

que qui	que qui

que   quien   aquí

máquina • raqueta • quebrada

máquina raqueta quebrada

gue
gui

guitarra

● Escribe la palabra según el ejemplo

gue gui	gue gui

guiso   guía   guerrero

águila • juguete • guillotina

águila   juguete   guillotina

güe güi

pingüino

● Escribe la palabra según el ejemplo

güe güi   güe güi

bilingüe agüero lengüeta

cigüeña   antigüedad   yegüita

cigüeña   antigüedad   yegüita

Ge Gi
ge gi

girasol

● Escribe la palabra según el ejemplo

ge	gi	ge	gi

gerente gemelo gitana

gelatina • gigante • gimnasio

gelatina • gigante • gimnasio

Ce Ci.
ce ci

cereza

● Escribe la palabra según el ejemplo

ce ci	ce ci

cine   cecilia   cita

cepillo • **cero** • **cima**

cepillo • *cero* • *cima*

Bl bl

roble

Escribe la palabra según el ejemplo

bla   ble   bli   blo   blu

blanco   mueble   roble

bloque   tabla   blusa

Br br

libros

● Escribe la palabra según el ejemplo

bra bre bri bro bru

palabra cabra brisa

obrero *libro* *bruja*

Cl cl

ancla

● Escribe la palabra según el ejemplo

cla cle cli clo clu

clarinete clase clavo

clima *chicle* *ciclo*

Cr cr

micrófono

Escribe la palabra según el ejemplo

cra   cre   cri   cro   cru

cráneo   crema   cría

recreo   micrófono   cruz

Fl fl

flotador

● Escribe la palabra según el ejemplo

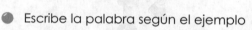

fla	fle	fli	flo	flu

flauta   flaco   flores

flota   flotador   flojo

fresa

● Escribe la palabra según el ejemplo

fra   fre   fri   fro   fru

frase   fresa   frenos

fruta   francia   frito

globo

- Escribe la palabra según el ejemplo

gla gle gli glo glu

glándula globo glotón

regla   *siglo*   *jungla*

Gr gr

grúa

● Escribe la palabra según el ejemplo

gra gre gri gro gru

gramo   grillo   alegre

negro   logro   grúa

Pl pl

plasma

● Escribe la palabra según el ejemplo

pla   ple   pli   plo   plu

plaza   plato   soplete

suplente   plomo   plata

Impresora

Pr pr

● Escribe la palabra según el ejemplo

pra pre pri pro pru

prado prisa prueba

preso primo sorpresa

Dr dr

aje**drez**

● Escribe la palabra según el ejemplo

dra   dre   dri   dro   dru

madre   padre   vidrio

ladrillo   cuadro   cedro

Tr tr

control

Escribe la palabra según el ejemplo

tra   tre   tri   tro   tru

tren   tigre   trébol

tres   cuatro   trigo

palabras con:

 **ge**  **gi**  **gr** **gl**

● Encuentra las palabras idicadas en la sopa de letras

Ñ	Q	F	G	A	Z	V	L	S	O	X	Ñ	Y	P	C
W	Z	W	C	I	Ñ	H	O	R	G	O	L	X	W	E
B	V	O	O	R	E	I	N	E	G	N	I	A	T	P
A	O	C	U	N	O	L	G	N	E	R	R	T	W	I
I	R	X	Y	L	R	R	W	A	W	F	O	C	U	E
G	I	P	H	W	G	S	N	O	G	Ñ	D	E	V	D
A	G	Z	A	I	E	I	D	E	E	P	V	N	W	N
M	M	N	F	Q	G	D	N	T	G	L	L	F	P	A
G	R	A	N	A	D	I	L	L	A	L	G	E	R	R
Y	Ñ	R	P	C	O	L	I	G	E	R	O	N	P	G

ge	gi	gr	gl
• genio	• página	• grande	• regla
• ligero	• magia	• granadilla	• iglú
• ingeniero	• giro	• logro	• renglón

DIPLOMA DE HONOR

Otorgado a:

Por haber aprendido a escribir todo el abecedario correctamente.

_____
Director(a)

_____
Profesor(a)

DIPLOMA DE HONOR

Otorgado a

_____

por haber ultimado a cabalidad la lectura todo el pegajoso coleccionable

_____
Director(a)

_____
Profesor(a)